IVENTAIRE

16.784

CANTIQUES

EN L'HONNEUR DE SAINT JOSEPH

O toi, que Dieu nomma son père,
Lorsqu'il habita parmi nous!
Toi, qu'il fit de sa sainte Mère
Le gardien pur, l'auguste Epoux!
Du sein de la gloire éternelle
Ecoute-nous avec faveur!
Joseph, quelle bouche mortelle
Pourrait célébrer ta grandeur?

A quelle indicible agonie,
Ton cœur généreux est réduit,
Lorsque d'une épouse bénie
Il faut te séparer sans bruit!
Un ange en songe te rassure,
Arrête ce cruel adieu,
Et, dans la Vierge la plus pure,
Te montre la Mère de Dieu.

A Bethléem, avec Marie,
Quand tu vins dans la pauvreté,
Tu cherchas une hôtellerie,
Et tu fus partout rebuté.
Bientôt tes bras mortels portèrent
Le Tout-Puissant, le Roi des rois;
Et quand les pasteurs l'adorèrent
Il leur répondit par ta voix.

Ye 1868 16784

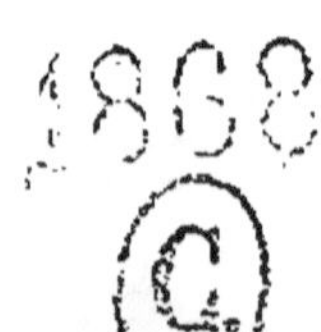

Hérode arme, pour le surprendre,
Ses soldats en bourreaux changés !
Ah ! que de larmes va répandre
Rachel sur ses fils égorgés !
Lève-toi, Joseph, Dieu l'ordonne ;
Cours au pays des Pharaons ;
Le ciel à tes soins abandonne
Le Désiré des nations.

Et, prenant Jésus et sa Mère,
Tu pars avec eux pour l'exil ;
Et les conduis, non sans mystère,
Second Joseph, aux bords du Nil.
Hérode meurt ; un ange encore
Descend des cieux pour t'avertir ;
Et le Dieu qu'Israël implore
A Nazareth revient grandir.

Il te coûta trois jours d'alarmes,
Lorsqu'au temple tu le perdis ;
Mais aussi, quelles douces larmes,
Le retrouvant, tu répandis !
A Nazareth, avec sa Mère,
Il revient soumis à ta loi ;
Tu le nourris de ton salaire,
Plus tard il travaille pour toi !

Des saints que le ciel récompense,
Voir Dieu, c'est l'éternel plaisir ;
Non moins heureux, de sa présence
Dès ici-bas tu peux jouir.
Céleste ardeur, divine flamme,
Et mystérieux entretien !

Son âme illumine ton âme,
Ton cœur s'abîme dans le sien.

Lorsque tu meurs, il te console,
Lui-même il te ferme les yeux,
Et ton âme aux limbes s'envole
Avec l'assurance des cieux.
Oh ! combien grande fut la joie
Des Prophètes, quand tu leur dis :
« Vers vous le Rédempteur m'envoie.
Il est né ; vos maux sont finis ! »

Tu l'y revis, rompant les portes
Et du trépas et des enfers,
Dire aux générations mortes :
« Justes, ma croix brise vos fers ! »
Et, compagnon de sa victoire,
Quand vers les cieux il s'élança,
C'est dans les splendeurs de sa gloire,
Tout près de lui, qu'il te plaça.

Pour prix de ton trépas auguste,
Aidé, béni par le Sauveur,
Dieu t'a fait de la mort du juste
L'aimable et puissant protecteur.
Heureux celui que tu consoles,
O suprême ami des élus !
Fais que mes dernières paroles
Soient Joseph, Marie et Jésus !

(Paroles du R. P. A. Cahour.)

Air : *Chantons les combats et la gloire*

RÉPONDS A NOTRE AMOUR.

Refrain :

Vers toi notre prière
S'élève chaque jour ;
Joseph, ô tendre père,
Réponds à notre amour.

Tu connais de la terre
Les secrètes douleurs ;
Du malheur solitaire
Tu vois couler les pleurs.

Ta main est secourable,
Ton cœur compatissant,
Sur le maître adorable
Ton désir est puissant.

De l'enfant de Marie
N'est tu pas le tuteur ?
Du père qui te prie,
L'espoir consolateur ?

De la fragile enfance
Le paternel soutien ;
Des lis de l'innocence
Le vigilant gardien.

Du pauvre sans demeure
L'asile chaque jour ;
De l'orphelin qui pleure
Le père plein d'amour.

De l'Eglise qui t'aime
Bénis tous les desseins ;
A son amour extrême,
Donne, donne des saints !

Ici nos voix bénissent
Ton amour paternel ;
Qu'un jour elles s'unissent
Au séjour éternel !

(Paroles et musique de l'abbé Giély,
Fleurs de Mars, n° 3, p. 14.)

MONTRE-TOI NOTRE PÈRE.

De ce trône, où ta gloire
Brille aux cieux ravissants,
Joseph, garde mémoire,
De tes jeunes enfants.

Refrain :

Oh ! reçois ma prière,
C'est l'élan de mon cœur.
Montre-toi notre père
Auprès du Dieu Sauveur.

Dans le choix de la route
Où je dois m'engager,
Quand j'hésite et redoute
L'erreur et le danger,

Dans ce désert aride,
Sous un soleil brûlant,
Sur le sentier rapide
Où je passe en tremblant,

Au moment de l'épreuve,
Sous le poids des douleurs,
Quand mon âme s'abreuve
D'amertume et de pleurs,

Au terme du voyage,
Aux suprêmes combats,
A ce dernier passage,
D'où l'on ne revient pas,

De l'exil, dans la gloire,
Dans tes bras triomphants,
Viens, après la victoire,
Transporter tes enfants.

(Fleurs de Mars, nº 5, p. 25.)

SOUVENEZ-VOUS.

Refrain :

Souvenez-vous, ô tendre Père,
Qu'à votre cœur, sur cette terre,
On n'eut jamais en vain recours.
Sur l'humble enfant qui vous implore,
Saint Protecteur, jetez encore
Vos regards toujours paternels.

Que peut le doux Sauveur refuser à son père ?
Si vous priez pour nous que ne fera-t-il pas ?
Aux jours de son départ pour la terre étrangère,
Vous l'avez porté dans vos bras.

Jésus vous fut soumis, Jésus rempli de charmes,
Aux ordres d'un mortel, spectacle ravissant...

Vous avez vu trente ans, de vos yeux pleins de
    Le Dieu du Ciel obéissant.   [larmes,

Jésus fut près de vous à vos suprêmes heures,
De vos derniers combats apaisant la douleur...
Jésus vous dresse un trône aux célestes demeu-
    Ne régnez-vous pas sur son cœur ?   [res;

Exilés pour un jour dans la vallée amère,
Nous élevons vers vous nos regards confiants ;
Frères du Dieu sauveur, Fils de la Vierge Mère,
    Ne sommes-nous pas vos enfants ?

Père aimé de Jésus, parlez-lui de ses frères ;
Sur la terre d'exil, ils gémissent encor.
Des divines faveurs que vos mains tutélaires
    Epanchent sur eux le trésor.

Offrez-lui nos désirs de l'aimer sans partage,
D'obéir à ses lois, d'accomplir ses desseins.
Après les jours comptés de ce pèlerinage,
    Ouvrez-nous le séjour des Saints !

(Fleurs de Mars, n° 6, p. 30.)

SON NOM.

Refrain :

Oh ! que ton nom soit aimé d'âge en âge,
Auguste Epoux de la Reine des Cieux,
De tes enfants reçois le tendre hommage,
Et la prière et les concerts pieux.

Tout révère le chef de la Famille sainte,
Et Marie, et Jésus à tes lois sont soumis.

Dieu même sur ton front mit son auguste empreinte,
Joseph, il te fît Père, et père de son Fils.

Qui dira de ton nom la splendeur glorieuse,
Toi, Sauveur de Celui qui sauva les mortels ?
De ta gloire, ici-bas, l'Eglise radieuse
Partout avec amour te dresse des autels.

Jésus, Marie et Toi, Trinité de la terre
Qui rappelle à nos cœurs la Trinité des Cieux.
De sagesse et d'amour admirable mystère,
De quel éclat divin tu brilles à nos yeux !

Nazareth, Nazareth, humble et pauvre chaumière,
Que ton étroite enceinte enferme de grandeurs !
Là se cache trente ans le Soleil de lumière,
Et Marie et Joseph reflètent ses splendeurs.

Là-haut, près de Jésus, tu règnes dans la gloire;
Tes enfants dans l'exil coulent encor leurs jours ;
De leurs besoins pressants garde en ton cœur mémoire,
Tendre Père, et pour eux intercède toujours.

(Fleurs de Mars, n° 9, p. 50.)

A JÉSUS, A JOSEPH, A MARIE.

Refrain :

Gloire à Jésus, à Joseph, à Marie,
Dans tous les temps, dans tous les lieux !
Dans nos combats, que ce cri nous rallie !
C'est du salut le signal glorieux.
Ah ! puissions-nous dans une autre patrie,
Avec les Saints le redire joyeux :
    Gloire à Jésus, etc.

Gloire à Jésus, dont la clémence
Etonne encore l'univers;
S'il épargne tant de pervers,
C'est qu'il laisse à la pénitence
Le temps de fermer les enfers.

Gloire à Joseph, qui de l'enfance
Est le guide et le protecteur,
Et qui donne, même au pécheur,
Le repentir et l'espérance,
Quand pour lui tout s'efface et meurt.

Gloire à Marie, à cette Mère
Qui chaque jour veille sur nous ;
Et qui désarme le courroux
Du juge qui devient un père
Quand nous prions à ses genoux.

(Fleurs de Mars, n° 10, p. 56.)

LE TRAVAIL.

Refrain :

Humble artisan, dans ta pauvre chaumière,
Apprends-nous du travail la rigoureuse loi ;
Que nous sachions, au séjour de la terre,
Avec Jésus travailler comme toi.

Dieu dit au premier homme, au jour de la justice :
Tu mangeras ton pain mouillé de tes sueurs ;
Le labeur soldera ta dette expiatrice,
Le labeur chaque jour fécondé par tes pleurs.

Tu compris, ô Joseph, cette loi souveraine,
Et dans les durs travaux s'écoulèrent tes jours;

Et Jésus, du péché portant la lourde peine,
Dans tes obscurs labeurs t'accompagnait toujours.

O saint abaissement, ô pauvreté touchante !
A nos cœurs pleins d'orgueil que ne dites-vous pas ?
O Joseph, qu'à nos yeux cette image présente,
A nos labeurs amers donne de doux appas.

Et vous dont les travaux, ont rempli la jeunesse,
Vous, de l'heureux Joseph le compagnon si doux,
Pour que l'œuvre du jour en couronne se tresse,
Jésus, venez aussi travailler avec nous !

(Fleurs de Mars, n° 17, p. 100.)

L'INNOCENCE.

Toi, dont la main fidèle
Tient un beau lys en fleur,
Angélique modèle
De céleste candeur,
A la fragile enfance
Conserve son bonheur,
Aux beaux lys d'innocence
Leur aimable fraîcheur.

Refrain :

A la fragile enfance
Conserve, etc.

Quels doux parfums exhale
La virginale fleur !
Nulle fleur ne l'égale,
Aux jardins du Sauveur.
Au vallon solitaire,

Elle charme les yeux ;
Elle embaume la terre,
Elle ravit les cieux !

Dans ta retraite obscure,
Où l'Enfant-Dieu vivait,
Joseph, en ta main pure,
Heureux il la trouvait,
Et porté, doux mystère !
Dans tes bras caressants,
Il venait, ô bon Père,
En respirer l'encens.

Hélas ! en notre monde,
Oh ! que de blanches fleurs
Tombent au souffle immonde
Des vents dévastateurs !
Et que d'espoirs qui meurent
Aux printemps les plus beaux !
Et que d'anges qui pleurent
Sur de vastes tombeaux !

O Vierge tutélaire,
Sous tes pieds ravissants,
Renaissent sur la terre
Les lys au pur encens.
Seconde, en ta puissance,
Ton virginal Epoux ;
Répands de l'innocence
Les parfums les plus doux.

(Fleurs de Mars, n° 18, p. 106.)

LA PRIÈRE.

O Père aimé, portez notre prière
Au cœur du Dieu qui ravit notre cœur.
Versez en nous les transports, la lumière,
Que vous puisez aux sources du Sauveur.

Le Sauveur nous a dit : il faut prier sans cesse
Prier dans le secret votre Père des Cieux,
Et ce Père des cieux, au cœur plein de tendresse,
Versera de son cœur dans le cœur qui le presse,
        Ses dons mystérieux.

Mon cœur est indigent : il implore, il demande
Chaque jour, humblement son pain de chaque jour ;
Et le Dieu qui l'entend, le Dieu qui lui commande,
Chaque jour à sa voix répond par une offrande
        De lumière et d'amour.

La lumière et l'amour, riches trésors de l'âme,
Visites de la grâce aux moments du bonheur.
Saintes clartés du ciel, rayon de pure flamme,
O mon Dieu, chaque fois que ma voix les réclame,
        Versez-les dans mon cœur !

De votre voix, Jésus, qui nous dira les charmes,
Alors qu'à vos enfants en secret vous parlez !
Vous calmez les douleurs, vous chassez les alarmes,
Vous êtes le doux ciel que goûtent dans les larmes
        Les pauvres exilés.

Et vous, qui possédez ce doux ciel de la terre,
Ne nous direz-vous pas vos transports ravissants ?

O Joseph, comme vous, je veux dans la prière
Rassasier encor d'amour et de lumière
    Mes désirs renaissants..

Je veux boire à longs traits à la coupe divine
D'où s'épanche l'amour en flots délicieux...
Où se refait la vie, alors qu'elle décline,
Où le cœur altéré, s'abreuve et s'illumine
    Jusqu'au festin des cieux.

(Fleurs de Mars, nⁿ 20, p. 118

L'AGONIE.

Il est une heure sombre
Q'on redoute toujours,
Qui couvre de son ombre
Le dernier de nos jours.

Refrain :

Joseph, notre espérance,
Veillez sur notre sort;
Soyez notre défense
A l'heure de la mort!

Dans ces moments suprêmes,
Que devient le pécheur,
Quand les justes eux-mêmes
Pâlissent de terreur?

Que votre mort fut belle!
Votre œil déjà voyait
La couronne immortelle
Qu'un Dieu vous préparait.

Près du lit mortuaire,
Vous entendiez Jésus
Vous montrer, de la terre,
Le bonheur des élus.

Une autre voix chérie
Parlait encor des cieux :
C'est la voix de Marie
Vous disant ses adieux.

Ah ! puissions-nous entendre
En mourant, comme vous,
Cette parole tendre :
« Tu seras avec nous ! »

(*Lyre Angélique*, n° 97, p. 228.)

PRIÈRE A SAINT-JOSEPH.

Refrain :

Du Dieu mon frère,
Heureux gardien,
Soyez mon père
Et mon soutien.

La mer du monde
Vient m'assaillir,
Au sein de l'onde
Dois-je périr?

Hélas ! mon âme
Tremble d'effroi.
Je vous réclame :
Exaucez-moi.

Je vous confie
Mes intérêts ;
Oh ! que ma vie
S'écoule en paix.

O vous que j'aime,
Priez souvent
Le Roi suprême
Pour son enfant.

Je vous en prie :
A mon Sauveur,
Avec Marie,
Offrez mon cœur.

HYMNE.

Iste, quem læti colimus fideles,
Cujus excelsos canimus triumphos,
Hac die Joseph meruit perennis
    Gaudia vitæ.

O nimis felix, nimis o beatus,
Cujus extremam vigiles ad horam
Christus et Virgo simul astiterunt,
    Ore sereno.

Hinc Stygis victor, laqueo solutus
Carnis, ad sedes placido sopore
Migrat æternas, rutilisque cingit
    Tempora sertis.

Ergo regnantem flagitemus omnes,
Adsit ut nobis, veniamque nostris
Obtinens culpis, tribuat supernæ
    Munera pacis.

Sint tibi plausus, tibi sint honores,
Trine, qui regnas, Deus, et coronas
Aureas servo tribuis fideli,
    Omne per œvum. — Amen.

CANTIQUE EN L'HONNEUR DE SAINT PROCOPE.

Refrain :

Chantons l'hymne de la victoire :
Un enfant triomphe en ce jour ;
    Chantons un chant de gloire,
    Chantons un chant d'amour.

Procope grandissait, heureux près de sa mère,
L'avenir souriait à ses vœux enfantins ;
Mais Procope n'est point un enfant de la terre,
Enfant du ciel grandi pour de plus beaux destins !

Un jour, tout radieux de grâce et d'innocence,
On le traîna soudain au sanglant tribunal.
Contre lui le bourreau, déployant sa puissance,
Dressa les instruments de son art infernal.

Mais du tyran impie il brava la colère ;
Il vit, sans s'émouvoir, et le fer et le feu ;
Et, s'arrachant aux bras de sa tremblante mère,
Plein de joie, il courut s'immoler pour son Dieu.

Quand, pour tromper son cœur par de fausses promesses,
On fit luire à ses yeux le charme souverain
Des parures, des jeux, des plaisirs, des richesses,
Il détourna les yeux et dit : Je suis chrétien !

Et quand enfin, vaincu par sa force divine,
Le tyran fit lever le glaive sur son sein ;
Procope au coup fatal présenta sa poitrine :
Je suis chrétien, dit-il, frappez, je suis chrétien !

Ainsi, touchant à peine à sa neuvième année,
Il tomba sous le fer d'un barbare soldat,
Comme tombe une fleur par la faulx moissonnée,
Dans sa fraîcheur première, en son naissant éclat.

Salut, jeune martyr ; salut, aimable frère !
Héros des temps de foi, glorieux monument.
Salut, hôte nouveau d'un nouveau sanctuaire,
Son trésor le plus cher, son plus bel ornement!

Tu seras pour nos cœurs un sublime modèle,
Auprès de l'Eternel un puissant protecteur ;
Tu sus vaincre l'enfer ; à l'abri de ton aile,
Qui de nous, de l'enfer peut craindre la fureur ?

De ton front, où reluit la candeur de l'enfance,
Rayonnera sur nous l'aimable pureté,
Et, pour te ressembler, au lis de l'innocence,
Nous jurons de garder sa première beauté.

Bordeaux, typ. Vᵉ Justin Dupuy et Cⁱᵉ.

www.ingramcontent.com/pod-product-compliance
Lightning Source LLC
Chambersburg PA
CBHW050719070726
47597CB00009B/3705